Impressum:

© 2020 Patricia Stindt

Illustrationen und Layout: Sylvia Wilhelm

Verlag und Druck: tredition GmbH, Halenreie 40-44, 22359 Hamburg

ISBN: 978-3-347-10786-1 (Paperback)
ISBN: 978-3-347-10787-8 (Hardcover)
ISBN: 978-3-347-10788-5 (e-Book)

Bibliografische Informationen der Deutschen Nationalbibliothek: Die Deutsche Nationalbibliothek verzeichnet diese Publikation in der Deutschen Nationalbibliografie; detaillierte bibliografische Daten sind im Internet über http://dnb.d-nb.de abrufbar.

Omas beste
Kuchen- und Keksrezepte

von

Patricia Stindt

17. Februar 2020

Liebe Mama,

seitdem ich mich erinnern kann duftete es in unserem Haus nach frischgebackenem Kuchen oder Keksen.

Unzählige Male wurdest du nach den Rezepten deiner schmackhaften Leckereien gefragt und mit großer Freude wurde nachgebacken und das Rezept weitergegeben.

Wenn ich dich nach einem Rezept fragte, so sagtest du immer: „Ich verwende nur feinstes Mehl und feinsten Zucker. Backzeiten und Gradzahlen sind nur Richtwerte, nicht verlässlich, immer abhängig von dem jeweiligen Ofen, deshalb darfst du dein Backwerk nie so ganz aus den Augen lassen!"

Nun feierst du heute deinen 90. Geburtstag und du bäckst noch immer die tollsten Kuchen und die herrlichsten Kekse!

Zu diesem besonderen Anlass zerbrach ich mir den Kopf und fragte mich, was ich dir schenken könnte. Meine Lösung: „Ich schenke dir Zeit!"
Nun musst du deine begehrten Rezepte nicht mehr für Andere aufschreiben oder durch´s Telefon diktieren...du kannst dein kleines, - aber feines Büchlein jetzt als „gesammelte Werke" weiterreichen!

Happy Birthday Mama!

In Liebe und Dankbarkeit   Patty

BISKUITTEIG

100 g Speisestärke
175 g Zucker
75 g Mehl
1 Prise Salz
6 Eier
6 Esslöffel Wasser

Die Eier werden getrennt, das Eiklar wird steif geschlagen. Die Eigelbe mit dem Zucker, der Prise Salz mit dem Mixer aufschlagen und 6 Esslöffel Wasser hinzufügen.

Einige Minuten schlagen, damit eine cremige Masse entsteht. Separat das Mehl mit der Speisestärke vermengen. Den Eischnee auf die Teigmasse geben und das Mehl darüber sieben. Vorsichtig alles unterheben und eine gebutterte Springform befüllen.

Im vorgeheizten Backofen
bei 180° ca. 30 min. backen.

Ein wunderbarer Teig, den du vielseitig verwenden kannst!

OMAS EIERSCHWER

Dieser Teig ist sensationell, du kannst jegliche Art von Kuchen damit backen:
Butter-/Zitronensandkuchen, Marmorkuchen (die Hälfte des Teigs wird mit Backkakao vermischt, dann werden beide Teige in der Backform mit Hilfe einer Gabel/Löffel ineinander gerührt), Apfel,- Kirsch,- oder Aprikosenkuchen, auch hier kannst du dich austoben!

6 Eier, Gr. M (ca. 300-350 g) abwiegen
Mehl abwiegen und sieben
feinster Zucker, Butter
1 Päckchen Vanillezucker
1 Prise Salz
2 Esslöffel guten Rum

Butter und Zucker schaumig rühren, die Eier einrühren und das durchgesiebte Mehl mit Inhalt eines Backpulvertütchens nach und nach dem Teig zufügen. Zum Schluss den Rum dazugeben und alles zu einem glatten Teig verarbeiten.

Tipp: Die Napfkuchen- oder Springform wird immer ausgebuttert und mit durchgesiebten, feinen Semmelbröseln bestreut. So lässt sich der erkaltete Kuchen leichter aus der Form stürzen.

„Soviel Eier, soviel Zucker, soviel Mehl!"
höre ich Oma sagen...

Variation für's Blech:

Liebevoll ein paar Kirschen in den Teig gedrückt:
Puderzucker drübergestreut - herrlich!

OMIMIS BESTER MÜRBETEIG
und die besten cookies ever!

300 g Mehl (am liebsten doppelgriffiges Mehl, z.B.
das feine Rosenmehl, Wiener Griessler Mehl)
250 g Butter
120 g feinster Zucker
1 Päckchen Vanillezucker
2 Eigelbe
1 Prise Salz

Alle Zutaten miteinander vermischen, gut
durchkneten und den Teig in Klarsichtfolie im
Kühlschrank zwei Stunden ruhen lassen.

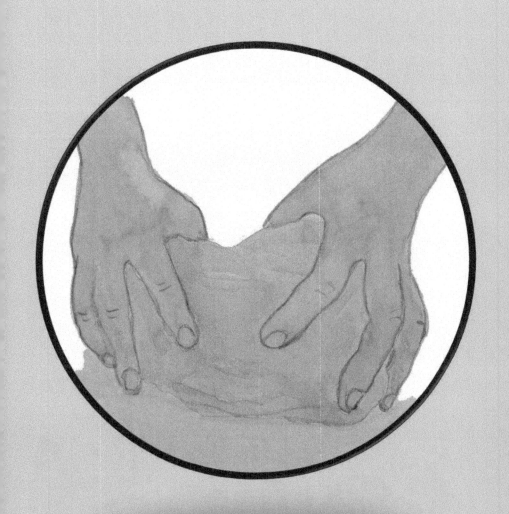

Variation 1:

Oma macht kleine Kugeln aus Teig, drückt diese leicht ein und steckt zwei zur Hälfte in Eiklar getränkte, blanchierte Mandeln oder jeweils einen Hasel- oder Walnusskern in die Mitte.
Ohne das Eiklar haften die Nüsse nicht.

Variation 2:

Kugeln formen, plattdrücken, mit Eiklar die Oberseite bestreichen und mit blättrigen Mandeln bedecken.

Variation 3:

Kugeln formen und in Chocolate Chips (Tröpfchen)
oder Chocolate Chunks drücken
und in den Teig einarbeiten.
Je nach Gusto Vollmilch oder/und
Zartbittergeschmack verwenden.

Variation 4:

Kugeln formen, leicht eindrücken und einen
Marmeladenklecks in die Mitte setzen.

Variation 5:

Kugeln formen und mit gesalzener Nussmischung verarbeiten.

Variation 6:

Selbstverständlich lässt sich der Teig auch ausrollen (am besten ein Stück Klarsichtfolie zwischen Nudelholz und Teig legen, so dass nichts an der Rolle kleben bleibt), dann kannst du fröhlich deine Kekse ausstechen.

Die Backzeit variiert nach Belieben und Geschmack und natürlich nach Modell und Gradzahl des jeweiligen Ofens. Sollen die Kekse eher hell und chewy, half-baked oder crunchy sein?

Du entscheidest, probier es aus!

STREUSELKUCHEN

Mit diesem Mürbeteig kannst du auch einen
hervorragenden Blechkuchen zaubern,
du brauchst die dreifache Menge für ein Blech.

Halbiere den Teig und bestücke mit der
einen Hälfte dein Blech.

Wenn du dein Obst, z.B. Kirschen oder Aprikosen
auf dem Teig verteilt hast,
machst du aus der zweiten Teighälfte Streusel,
die du auf dem gesamten Blech verteilst.

Der Kuchen wird bei mittlerer Hitze
ca. 60 min. gebacken.

Omas klassische Hausfreunde

4 Eier
nach Gusto 100-190g feinster Zucker /Puderzucker
200g Mandeln
200g Zartbitterschokolade
100-150g Rosinen
180 g feines Mehl (griffig, z.B. Wiener Rosenmehl, Fini)
nach Belieben Zitronenschale (gerieben)
eckige Oblaten

Die Schokolade wird fein gehackt, Nüsse und Rosinen in feine, kleine Stückchen schneiden oder ganz lassen.

Die Eier in einer Schüssel zusammen mit dem Zucker dickschaumig aufschlagen.
Danach werden Nüsse, Schokolade und Rosinen dazugegeben, zum Schluss wird das Mehl untergemengt und gut vermischt.

Der Ofen wird auf ca. 180° vorgeheizt.
Auf ein mit Backpapier ausgelegtes Blech die Oblaten verteilen und ca. 1cm dick mit der Masse bestreichen.

Unter Beobachtung ca. 30 min. hellbraun backen. Bleiben die Kekse länger im Ofen werden sie besonders knusprig und erinnern stark an das italienische Cantuccini-Gebäck. Noch gut warm werden die Hausfreunde in daumendicke, ca. 6 cm lange Streifen geschnitten. Dann können die Kekse in aller Ruhe abkühlen und durchhärten.

Dieses Rezept lässt sich in vielerlei Variationen ausführen:

Du kannst Puderzucker statt feinem Zucker nehmen oder andere getrocknete Früchte verwenden, auch musst du keine Blockschokolade kleinhacken, heutzutage gibt es Schokotröpfen oder Chocolate Chunks.
Wenn du keine Oblaten verwenden möchtest, dann kannst du das Backblech gut mit Butter einfetten und den Teig direkt darauf geben.

Es ist so einfach und sooo gut!

GRANNYS HASELNUSSKUCHEN

250g Butter
200g Zucker
4 Eier
1 Prise Salz
250g feines Mehl
1 Päckchen Backpulver
250g gemahlene Haselnüsse
125 ml Milch

Zucker, Butter, Eier und die Prise Salz werden
schaumig gerührt.

Das durchgesiebte Mehl mit dem Backpulver
vermischen und unter die Masse heben.
Zum Schluss die Haselnüsse mit der Milch
unterrühren.

Nach Belieben mit Puderzucker bestreuen oder mit
Schokolade überziehen.

OMAS YUMMY APFELKUCHEN

500g Mehl
250 g Butter
100 g Zucker
1 Ei
1 Eigelb
2 Päckchen Vanillezucker
ca. 2kg Boscop oder Coxorange Äpfel
4 Esslöffel Mehl
4 Esslöffel Zucker
125 g Rosinen
Zimt nach Geschmack
Geschmacksneutrales Öl

Mehl, Butter, Zucker, Ei, Eigelb und Vanillezucker zu einem Teig verarbeiten und für eine Stunde im Kühlschrank ruhen lassen. In der Zwischenzeit die Äpfel schälen und blättrig schneiden. Das restliche Mehl sowie den Zucker, Zimt und die Rosinen gut unter die Äpfel mischen.

In einer gut gebutterten Tortenform (rund/eckig) wird mit 2/3 des Teiges der Boden ausgelegt und mit den Äpfeln belegt.

Aus dem Rest des Mürbeteigs wird eine Tortendecke ausgerollt und über den Kuchen gelegt. Schneide den noch nicht gebackenen Kuchen in Portionsstücke und gieße die Schnittkanten mit Öl aus.

Bitte mit Gefühl ausgießen, nicht zuviel Öl!

Bei mittlerer Hitze langsam goldgelb backen.

Vor dem Servieren kann der Kuchen mit
Puderzucker bestäubt werden.

OMIMIS BIENENSTICH

1 Paket Trockenhefe
1 Ei
1 Päckchen Vanillezucker
500 g feines Mehl
2 gehäufte Esslöffel Zucker
250 g Butter
1 Prise Salz
3 Esslöffel Honig (nach Belieben)

Alle Zutaten werden miteinander vermischt, am besten mit einem Knethaken. Dann wird der Teig in der mit einem Handtuch abgedeckten Schüssel in den 30° warmen Ofen gestellt. Er braucht nun 60-90 min. Ruhe, damit er aufgehen kann.

Für den Belag vermischt Oma 3 Pakete gehobelte Mandeln mit 250 g geschmolzener Butter, 2 Esslöffeln Zucker, einem Päckchen Vanillezucker und dem Honig. Nach Belieben kann auch ein Schuss süße Sahne hinzugefügt werden. Alles wird miteinander auf kleiner Flamme erhitzt, bis die Mandeln karamellisiert sind.

Nun kann der inzwischen fast doppelt so groß gewordene Teigball auf dem vorgewärmten, mit Backpapier ausgelegten Blech ausgebreitet oder ausgerollt werden.

Die Mandelmasse wird auf dem Teig verteilt und bei ca. 170° gebacken, bis der Kuchen eine schöne, goldgelbe Farbe hat.

OMAS HERRLICHER MANDELKUCHEN

Oma mag den Kuchen hoch, deshalb nimmt sie die doppelte Menge, für einen flachen Kuchen (eine Mandeltarte) die Mengenangaben bitte halbieren:

500g geriebene Mandeln (je nach Belieben blanchierte oder braune Mandeln verwenden)
400g Puderzucker
12 Eier
2 Päckchen Vanillepulver
oder das Mark einer Vanilleschote
1 Prise Salz
Wer es mag kann etwas Zimt sowie etwas Zitrone hinzufügen.

Die Eier werden getrennt. Eigelb und Puderzucker verrühren, die Mandeln und den Vanillezucker dazugeben (gegebenenfalls auch Zimt und Zitrone).

Das steifgeschlagene Eiweiß wird mit Bedacht unter die Mandelmasse gehoben und vorsichtig verrührt. Der fertige Teig wird in eine mit Butter eingefettete 26 cm große Springform gegeben und bei 170° Umluft auf unterer Schiene im Ofen ca. 50-60 min. gebacken.
Tipp: Die Tortenform mit Alufolie umschließen, so backt der Teig gleichmäßig in die Höhe!

Nach dem Abkühlen den Kuchen entweder mit Schokolade überziehen oder mit Puderzucker bestreuen.

GRANNYS FRANKFURTER KRANZ AUS BERLIN

Du bäckst Omas Eierschwer in einer Tortenform,
die in der Mitte ein Loch hat,
auch Gugelhupfform genannt.

„Soviel Eier,
soviel Butter,
soviel Mehl!"

6 Eier Gr. M
ca. 300-350 g feines
Mehl...und das noch
sieben!
1 Tütchen
Vanillezucker
1 Tütchen Backpulver
1-2 Esslöffel guten Rum

Die Butter mit dem Zucker schaumig rühren, nach
und nach die Eier dazu geben, dann folgt das
gesiebte Mehl mit dem Backpulver.
Zum Schluss den Rum hinzufügen und einen
glatten Teig rühren.

Den Teig in eine gebutterte, mit gesiebten Semmelbröseln bedeckte Gugelhupfform füllen und ab in den Ofen. Nach dem Abkühlen wird der frischgebackene Kuchen gestürzt.

Für die Creme vermengst du 500 g weiche Butter mit 250 g durchgesiebtem Puderzucker.

Nebenbei werden 500 ml Milch zum Kochen gebracht, 1-2 Päckchen Vanillin oder Vanillezucker und 2 Päckchen aufgelöstes Puddingpulver eingerührt. Den Pudding mindestens 3 Minuten köcheln lassen, in eine Schüssel kippen und zum langsamen Abkühlen in eine weitere, mit kaltem Wasser befüllte Schale stellen, stetig umrühren, damit es zu keiner Hautbildung kommt. Schließlich wird der Pudding der Butter-Zuckermasse hinzugefügt und alles miteinander vermischt.

Der Kuchen wird zweimal der Länge nach durchgeschnitten. Auf jede Lage wird eine 1-2 cm dicke Buttercremeschicht aufgetragen. Mit der restlichen Buttercreme wird der gesamte Kuchen von außen bedeckt.

In einer Pfanne erhitzt du langsam gehobelte Mandelblätter mit Puderzucker und lässt sie bei stetigem Rühren karamellisieren. Nachdem die karamellisierten Mandelblätter abgekühlt sind, wird der Kuchen vollständig damit bedeckt.

OMIMIS KÄSETORTE

8 Eier
350 g feinster Zucker
1 Prise Salz
1 Päckchen Vanillezucker
1250 g Magerquark
4 gehäufte Esslöffel Gries
375 g zerlassene Butter
-nach Belieben Abrieb einer Zitrone / Zitronensaft

Eine Tortenspringform wird ausgebuttert,
der Boden 2-3 mm dick mit Biskuit-
oder Semmelbröseln bedeckt.
Die Eier mit dem Zucker gut mixen,
den Quark, den Gries und die Butter hinzufügen
und auf dem Tortenboden verteilen.

Im Ofen backen, bis die Oberfläche goldbraun ist.

Wenn du statt des klassischen Käsekuchens etwas
anderes ausprobieren möchtest,
kannst du den Teig mit Obst,
z.B. Himbeeren oder Mohn kombinieren.

OMAS BERÜHMT, - BERÜCHTIGTE MOCCACREMETORTE

Tortenboden backen wie bei der Mandarinen -
Sahne-Schmand-Torte oder Biskuitteig.

Wer nicht selber backen möchte oder wenn es
einmal schnell gehen soll:
2 Pakete gute Fertigböden kaufen, das sind
insgesamt 6 Böden, die vorsichtig
aufeinandergelegt werden.
500g Butter wird mit 250 g Puderzucker vermengt
und mit dem Mixer aufgeschlagen, bis diese locker
und cremig ist. Nach und nach kommen
5-6 Eigelbe dazu.

In der Zwischenzeit wird ein halber Liter Kaffee mit
5 Esslöffeln Zucker zubereitet und in einem Topf
zum Kochen gebracht.
2 Päckchen Schokoladenpuddingpulver werden in
Wasser aufgelöst und in den Kaffee gegeben. Gut
rühren, damit es nicht zur Klumpenbildung kommt.
Nach ca. 3 min. den Pudding vom Herd nehmen -
immer schön weiter rühren, bis die Puddingmasse
fast erkaltet, aufpassen, dass keine Haut entsteht
(auch hier kannst du die Puddingschüssel zum
Abkühlen in eine Schale mit kaltem Wasser stellen).

Nun langsam die Puddingmasse mit der Buttercreme vermischen. Nach Zugabe eines Esslöffels Kakao ist eine vollmundige Moccacreme entstanden.

In Lagen geschichtet wird eine ca. 2 cm dicke Moccacremeschicht zwischen die Biskuitböden aufgetragen. Mit der restlichen Creme wird das gesamte Äußere des Kuchens bestrichen und mit Schokostreuseln oder Raspelschokolade bedeckt.

Oma sagt: „Es hört sich kompliziert an, ist aber ganz einfach!"

MANDARINEN-SAHNE-SCHMANDTORTE

Nachstehendes Rezept ist für eine Springform gedacht,
verdoppelst du die Menge, kannst du ein Blech befüllen.

2 Eier
1 Tasse feinsten Zucker
1 Päckchen Vanillezucker
1 ½ Tassen feines Mehl
½ Päckchen Backpulver
½ Tasse Mineralwasser
5 Esslöffel geschmacksneutrales Öl
3 Dosen Mandarinen
1-2 Päckchen klaren Tortenguss
1 Becher süße Sahne 250 g
1 Becher Schmand 250 g
1 Päckchen Vanillezucker
1 Sahnesteif
2-3 Löffelbiskuits
1 Teelöffel feinsten Zucker
½ Teelöffel Zimt

Mit dem Mixer alle Zutaten für den Teig miteinander
verrühren und den Boden in der Springform ca. 20 min.
bei 180° backen. Die abgetropften Mandarinen auf dem
erkalteten Boden verteilen. Den Mandarinensaft mit
dem Tortenguss aufkochen und auf die Mandarinen
geben. Nach dem Erkalten die Sahne mit dem
Vanillezucker und Sahnesteif steifschlagen und den
Schmand unterrühren. Das Ganze dann auf die Torte
geben und bloß nicht zu ordentlich verteilen.

Kurz vor dem Servieren einige Löffelbiskuits pulverig zerkleinern, mit Zimt und Zucker vermischen und über die Torte streuen.

Natürlich kannst du auch eine Schicht Vanillepudding auf den Boden geben und dann erst die Mandarinenscheiben darauf verteilen...auch hier sind deiner Fantasie keine Grenzen gesetzt!

OMAS WUNDERBARER, DUNKLER KIRSCHKUCHEN

100g Butter
100g Zucker
2 Eigelbe
1 Ei
Klar von zwei Eiern
60g Schokolade (zartbitter)
30g Biskuit oder Semmelbrösel
100g Mandeln
150 g Kirschen (Schattenmorellen)
Butter und Mehl für die Kuchenform
Puderzucker zum Bestreuen des fertigen Kuchens

Die Butter wird mit dem Kuchenrührgerät oder
Handmixer aufgeschlagen. Nacheinander werden
Zucker, Eigelbe, das Ei, die zerkleinerte Schokolade
sowie die ungeschälten, geriebenen Mandeln und
die Brösel dazugegeben. Vorsichtig wird nun das
geschlagene Eiweiß untergehoben.

Der Teig wird in eine eingefettete und mit Mehl
oder Semmelbröseln bedeckte Tortenform gefüllt,
mit Kirschen belegt und im Ofen langsam
gebacken.

Kurz vor dem Servieren sollte der Kuchen mit
Puderzucker bestreut werden.

Es empfiehlt sich geschlagene, süße Sahne
dazuzureichen.

Die Backzeit variiert je nach Ofen,
deshalb bitte immer beobachten.

OMAS HELLER KIRSCHBISKUIT - IMMER GUT!

500g Butter
500g Zucker
500g Mehl
8 Eier
2 Päckchen Vanillezucker
(geriebene Zitronenschale wer mag)
½ Päckchen Backpulver
1 Prise Salz

Die Butter und die Hälfte des Zuckers (250 g) mit dem Handmixer schaumig rühren. Die Eier trennen und die Eigelbe nach und nach dazugeben, gut verrühren. In einem Gefäß werden die acht Eiweiße nun steif geschlagen und mit dem restlichen Zucker behutsam verrührt, bis die Masse ganz steif ist. Die Eiweiß-/Zuckermasse wird unter die Eigelb-/Buttermasse gegeben. Zum Schluss wird das gesiebte Mehl mit dem Backpulver und der Prise Salz vorsichtig untergehoben.

Eine rechteckige Backform wird eingefettet und mit Semmelbröseln bestreut. Den Teig in der Form glattstreichen und mit Kirschen belegen, diese leicht eindrücken.

Wer mag kann den Kuchen vor dem Backen zusätzlich mit blättrigen Mandeln oder nach dem Backen mit Puderzucker bestreuen.

Den Kuchen auf mittlerer Schiene im vorgeheizten Ofen bei ca. 160 Grad ca. 60 - 90 min. backen.

CREME CARAMEL

100 g Zucker ohne Rühren mit einem Teelöffel Wasser in einem Topf schmelzen und bräunen lassen.

Dann die Masse wahlweise in kleine Förmchen oder in eine große Form füllen.

50g Zucker,
das Mark einer Vanilleschote,
3 ganze Eier,
4 Eigelbe und
einen halben Liter Milch aufschlagen
und auf die karamellisierte Masse geben.

Den Ofen unbedingt vorheizen und bei mittlerer Hitze ca. 40-45 min. stocken lassen.
Mit dem Messer bitte die Schnittfestigkeit überprüfen.

Das Dessert übernachtet im Kühlschrank, wird am nächsten Tag vorsichtig aus den Förmchen gestürzt und mit geschlagener Sahne serviert.

OMAS FEINE SCHOKOLADENSPEISE

8 Eier
160 g gute Zartbitterschokolade
160 g Butter

Die Eier werden getrennt
und das Eiklar kaltgestellt.

In einem Topf wird die Butter
mit der Schokolade auf
kleinster Flamme geschmolzen.

Diese geschmeidige Masse vom Herd nehmen,
aber nicht gänzlich erkalten lassen.
Nach und nach werden nun die Eigelbe
untergerührt.

Das Eiweiß wird steif geschlagen und behutsam in
die Schokoladenmasse eingearbeitet.

Wahlweise mit flüssiger, süßer Sahne und/oder
Vanillesoße servieren.

OMAS VANILLECREME

250 ml Milch
6 Eier
150 g Zucker
500 ml süße Sahne
5 Blatt Gelatine
1 Vanillestange

Die Milch zusammen mit der Vanillestange
aufkochen und zugedeckt abkühlen lassen.
Die Eier trennen und die Eigelbe mit dem Zucker
schaumig rühren, nach und nach wird dann die
erkaltete Vanillemilch dazugegeben.
Nun wird die Masse unter Rühren auf kleiner
Flamme zum Kochen gebracht,
eine leichte Creme entsteht.

In der Zwischenzeit wird die Gelatine in Wasser
eingeweicht und dann in der heißen Creme
aufgelöst. Die Vanillecreme wird durch ein Sieb
gerührt und darf erkalten. Abschließend wird die
süße Sahne sehr steif geschlagen und unter die
inzwischen dicklich gewordene Creme gezogen.
Die Vanillecreme schmeckt besonders gut mit
frischen Früchten.

OMAS KAISERLICHER SCHMARRN

6 Eier trennen, die Eigelbe in eine Schüssel geben,
2 Päckchen Vanillezucker sowie
einen Esslöffel feinsten Zucker hinzufügen.
6 gehäufte Esslöffel Mehl zu der Eigelbmasse geben
und mit ca. 250 ml Milch auffüllen,
nicht die Prise Salz vergessen.

Das Eiklar steif schlagen und
unter die Teigmasse heben.
Nach Lust und Laune können auch Rosinen
untergemischt werden.

Eine Pfanne mit Butterschmalz erhitzen, den Teig
dort hineingeben, stocken lassen, mit einem
Spachtel in mundgerechte Stücke teilen und
goldgelb ausbacken lassen.

Zum Schluss mit Puderzucker bestreuen und mit
Pflaumen- oder Apfelkompott servieren.